AF124153

www.ingramcontent.com/pod-product-compliance
Lightning Source LLC
LaVergne TN
LVHW010417070526
838199LV00064B/5327
9789358728347

ادیان کے درمیان گفتگو

مرتب:
اعجاز عبید

© Taghrib News Agency (TNA) Sub-continent Bureau

Adyaan ke darmiyaan Guftuguu
by: Aijaz Ubaid
Edition: February '2024
Publisher :
Taemeer Publications LLC (Michigan, USA / Hyderabad, India)

ISBN 978-93-5872-834-7

مصنف یا ناشر کی پیشگی اجازت کے بغیر اس کتاب کا کوئی بھی حصہ کسی بھی شکل میں بشمول ویب سائٹ پر اَپ لوڈنگ کے لیے استعمال نہ کیا جائے۔ نیز اس کتاب پر کسی بھی قسم کے تنازع کو نمٹانے کا اختیار صرف حیدرآباد (تلنگانہ) کی عدلیہ کو ہو گا۔

© تنا (TNA) برصغیر بیورو

کتاب	:	**ادیان کے درمیان گفتگو**
جمع و ترتیب	:	**اعجاز عبید**
تالیف	:	تنا (TNA) برصغیر بیورو
صنف	:	مضامین
ناشر	:	تعمیر پبلی کیشنز (حیدرآباد، انڈیا)
سالِ اشاعت	:	۲۰۲۴ء
صفحات	:	۴۲
سرورق ڈیزائن	:	تعمیر ویب ڈیزائن

فہرست

خلاصہ	6
مقدمہ	7
قرآن اور گفتگو	9
گفتگو کے فائدے	14
گفتگو کے لئے ضروری شرطیں	17
حواشی	37

خلاصہ

اسلام نے گفتگو اور منطقی بحث پر بہت تاکید کی ہے جبکہ دیگر ادیان آسمانی میں یا ان کی مقدس کتب، سیرت اور سنت علماء دین میں ایسی کوئی بات دیکھنے کو نہیں ملتی۔

وجوہ مشترکہ حاصل کرنے کے لئے ادیان کے درمیان گفتگو کی بحث زمانہ قدیم سے جاری ہے زیر نظر مقالے میں اس بحث کو اسلام کی نقطہ نگاہ سے دیکھا گیا ہے سب سے پہلے اختصار سے گفتگوئے ادیان کے معنی اور تاریخ کی طرف اشارہ کیا گیا ہے اس کے بعد اسلام کی نظر میں گفتگو کی ضرورت پر توجہ کی گئی ہے اور قرآنی آیات کے مطابق اجمالا اس بحث کے فوائد کا ذکر کیا گیا ہے آخر میں چار شرطوں کا ذکر کیا گیا ہے جس کی پابندی کرنا گفتگو کے طرفداروں کے لئے ضروری ہے۔

مقدمہ

گفتگو کی تاریخ کا آغاز انسانی تاریخ سے ہوتا ہے ۱) زمانہ قدیم سے ادیان کے درمیان گفتگو کا مقصد اپنے عقائد کو صحیح ثابت کرنا اور مخالفین کو شکست دینا تھا لیکن نئے نظریات اور مشترکہ اقدار کے حصول کے لئے گفتگو اور بحث جسے ان دنوں کافی پذیرائی حاصل ہوئی ہے۔ ۲) اور ادیان نے اس پر کافی توجہ دینی شروع کی ہے اس کے بارے میں نہیں معلوم یہ عمل کب سے شروع ہوا ہے بڑے ادیان جیسے عیسائیت اور یہودیت کی تاریخ کے مطالعے سے اس حقیقت کا پتہ چلتا ہے کہ یہ ادیان صرف خود کو حق اور دوسرے کو باطل قرار دیتے تھے قرآن ان کی اس روش کو اس طرح بیان کرتا ہے:

"قالت الیھود لیست النصاری علی شیئ وقالت النصاری لیست الیھود علی شیئ

(۴بقرہ ۱۱۳)

یہود کہتے ہیں کہ نصاریٰ کا مذہب کچھ ٹھیک نہیں اور نصاریٰ کہتے ہیں کہ یہود کا مذہب کچھ ٹھیک نہیں۔

ظہور اسلام اور اس کی تیز ترقی اور اس کے عالمی مذہب کے طور پر سامنے آنے کے بعد اس طرح کے طرز تفکر اور غیر اصولی روش کو ختم کرنے اور دینی فکر کو رائج کرنے میں مسلمانوں کو اہم کامیابیاں حاصل ہوئیں اور اسلام نے حصول مشترکات کے لئے دوسرے مذاہب کے ساتھ گفتگو اور بحث و مباحثہ کی شروعات کی اور اس روش کو دینی فکر پیش کرنے کے لئے مناسب اور آزاد و بلا جبر روش قرار دیا۔

اسلام نے گفتگو اور منطقی بحث پر بہت تاکید کی ہے جبکہ دیگر ادیان آسمانی میں یا ان کی مقدس کتب، سیرت اور سنت علماء دین میں ایسی کوئی بات دیکھنے کو نہیں ملتی ۵) گرچہ بعض ادیان جیسے عیسائیت کو تبلیغ اور نئے پیرووں کو خود میں شامل کرنے کا دعوی تھا لیکن اس مذہب نے دوسرے مذاہب کو کبھی یہ حق نہیں دیا۔

قرآن اور گفتگو

قرآن میں موافق و مخالف کے ساتھ گفتگو کرنے کو ایک پسندیدہ روش قرار دیا گیا ہے اور اس کی بہت سی مثالیں بھی ذکر کی گئی ہیں، قرآن کے مطابق سب سے پہلا گفتگو کرنے والا خود خداوند متعال ہے، اللہ نے مسئلہ خلقت آدم (ع) میں ملائکہ سے گفتگو کی ہے اور ملائکہ نے بھی اپنے نظریات بیان کئے ہیں خدا نے اپنا مدعا پیش کرنے کے لئے حضرت آدم کو ان کے سامنے پیش کیا تاکہ حضرت آدم ملائکہ کو اپنی صلاحیتوں سے آشنا کر سکیں اس طرح خدا نے خلقت آدم کے بارے میں ملائکہ کے اندیشوں کو غلط قرار دے کر ان کی مکمل وضاحت فرمادی۔ ٦)، خدا نے شیطان سے بھی گفتگو کی جس نے اس کے حکم سے سرپیچی اور بغاوت کی تھی اور اس کو قیامت تک مہلت دی۔ ٧) انبیاء نے بھی اپنے مخالفین سے گفتگو کی سب سے زیادہ حضرت نوح (ع) نے اپنی قوم سے گفتگو کی جن کی عمر ساڑھے نو سو سال بتائی جاتی ہے۔ ٨) اس بارے میں قرآن میں آیا ہے کہ یانوح قد جادلتنا فاکثرت جدالنا۔ ٩) اے نوح تم نے ہم سے بہت زیادہ بحث و گفتگو کی ہے، حضرت نوح ع نے اپنے بیٹے کے بارے میں خدا سے گفتگو کی۔ ١٠) حضرت ابراہیم علیہ السلام نے بھی اپنی قوم سے بحث و گفتگو کرنے کے علاوہ قوم لوط کو عذاب سے معاف کرانے کے لئے خدا سے گفتگو کی۔ ١١) اسی طرح دیگر انبیاء الٰہی جیسے حضرت صالح، لوط، موسیٰ، اور عیسی علیہم السلام نے اپنی قوموں سے بحث و گفتگو کی ہے۔

رسول اسلام صلی اللہ علیہ و آلہ وسلم اور ائمہ معصومین علیہم السلام نے بھی مخالفین

و موافقین سے بحث کی ہے ان بحثوں کا ایک اہم حصہ مرحوم شیخ طوسی نے اپنی کتاب "الاحتجاج" میں ذکر کیا ہے۔ انہوں نے کتاب کے مقدمے میں جدال اور اسکی اقسام کی تفصیل بیان کی ہے اور رسول اسلام صلی اللہ علیہ و آلہ وسلم کے جدال احسن کے کہ جن کا ذکر قرآن میں بھی آیا ہے نمونے ذکر کئے ہیں اس کے علاوہ معصومین علیہم السلام کی بحثوں کو جو روایات میں وارد ہوئی ہیں بالترتیب ذکر کیا ہے۔

بہرحال قرآن میں ایسی آیات ہیں جو بحث و گفتگو کو ضروری قرار دیتی ہیں ان میں بعض آیات حسب ذیل ہیں۔

'ادع الی سبیل ربک بالحکمۃ و الموعظۃ الحسنہ و جادلھم بالتی ھی احسن'

حکمت و پسندیدہ وعظ و نصیحت کے ذریعے اپنے پروردگار کی راہ کی طرف دعوت دو اور اچھے اور بہتر انداز میں ان سے بحث کرو، اس آیۃ شریفہ میں صراحتاً بیان کیا جارہا ہے کہ رسول اسلام صلی اللہ علیہ و آلہ وسلم کی ذمہ داری ہے کہ دین خدا کی طرف دعوت دینے اور دین کا دفاع کرنے کے لئے حکمت و موعظہ حسنہ سے کام لیں۔ ۱۳) ایک اور آیت میں ارشاد ہوتا ہے کہ "ولا تجادلوا اہل الکتاب الا بالتی ھی احسن" یعنی اہل کتاب کے ساتھ صرف بہتر طریقے سے گفتگو اور جدال کریں۔ ۱۴) اس آیت میں تمام مومنین سے خطاب کیا گیا ہے۔

سورہ آل عمران کی آیت چونسٹھ میں رسول اسلام صلی اللہ علیہ و آلہ وسلم سے فرمایا گیا ہے کہ اہل کتاب سے گفتگو کریں اور بحث کا اصلی محور بھی معین کر دیا گیا ہے ارشاد ہوتا ہے " قل یا اہل الکتاب تعالوا الی کلمۃ سواء بیننا و بینکم الا نعبد الا اللہ ولا نشرک بہ شیئا ولا یتخذ بعضنا بعضا اربابا من دون اللہ فان تولوا فقولوا اشھدوا بانا مسلمون"

اے رسول تم اہل کتاب سے کہہ دو کہ تم ایسی ٹھکانے کی بات پر تو آؤ کہ جو ہمارے

اور تمہارے درمیان یکساں ہے کہ خدا کے سوا کسی کی عبادت نہ کریں اور کسی چیز کو اس کا شریک قرار نہ دیں اور خدا کے سوا ہم میں سے کوئی کسی کو اپنا پروردگار نہ بنائیں پھر اگر اس سے بھی منہ موڑیں تو کہہ دو کہ تم گواہ رہنا کہ ہم خدا کے فرمانبردار ہیں۔

اس آیت میں مندرجہ ذیل نکات پر توجہ کرنا ضروری ہے۔

۱) قل یا اہل الکتاب تعالوا الی کلمۃ سواء بیناو بینکم

آیت کے اس حصے میں خدا صریحاً حکم دیے رہا ہے کہ رسول اسلام صلی اللہ علیہ و آلہ وسلم اہل کتاب کے ساتھ باب گفتگو کھولیں اور گفتگو کا اصل محور توحید ہو جو کہ تمام انبیاء کی تعلیمات میں سر فہرست ہے۔ ۱۶)

۲) خدا کے وجود کو ثابت کرنے کی بحث سے گفتگو کا آغاز نہ کریں بلکہ غیر خدا کی پرستش نہ کرنے سے بحث شروع کی جائے اس آیت میں نفی شریک خدا کی بات کی گئی ہے نہ کہ اثبات وجود خدا کی کیونکہ قرآن کریم کی نگاہ میں اثبات وجود خدا اور اس کا حق ہونا فطری امر ہے اور بنیادی طور سے قرآن کی نظر میں انسان (کچھ شر پسند معاندین کے علاوہ) خدا کی پرستش کے سلسلے میں شک و شبہ کا شکار نہیں ہوتے یہاں تک کہ جب بت پرستوں کی بات ہوتی ہے انہیں بھی خدا شناس بتاتا ہے وما نعبد ھم الا لیقربونا الی اللہ زلفی۔ ۱۷) (بت پرستوں کے حوالے سے بیان ہو رہا ہے کہ) ہم بتوں کی عبادت نہیں کرتے مگر یہ کہ وہ ہمیں خدا سے قریب کرتے ہیں، ہمیشہ مشکل یہ رہی ہے کہ انسان شرک کو پہچاننے میں ناکام رہا ہے انسان گرچہ شرک میں گرفتار ہوتا رہا ہے لیکن اس سے غافل رہا ہے قرآن کے مطابق مایومن اکثر ھم باللہ الا و ھم مشرکون۔ ۱۸) وہ خدا پر ایمان تو نہیں لاتے مگر شرک کئے جاتے ہیں۔

حضرت امام صادق علیہ السلام نے اس بارے میں کہ بنوامیہ کس طرح اسلام کے

نام پر عوام پر حکومت کرنے میں کامیاب رہے فرمایا ہے کہ "بنو امیہ نے عوام کے لئے تعلیم ایمان پر پابندی نہیں لگائی تھی بلکہ تعلیم شرک پر پابندی لگادی تھی کیونکہ اگر عوام کو شرک پر مجبور کرتے تو وہ ہر گز اسے قبول نہ کرتے۔ ۱۹)

علامہ مجلسی اس حدیث کے ذیل میں کہتے ہیں کہ امام صادق علیہ السلام کی مراد یہ ہے کہ بنی امیہ ان چیزوں سے عوام کو آگاہ نہیں کرتے تھے جن سے انسان اسلام سے خارج ہو جاتا ہے کیونکہ عوام حقائق کو سمجھ لیتے تو ان کی اور ان جیسوں کی ہر گز پیروی نہ کرتے۔ ۲۰)

۳) بحث نفی پرستش غیر خدا میں دو بنیادی نکتے پوشیدہ ہیں جن کے بارے میں گفتگو کرنا لازمی ہے۔

الف: خدا کا کوئی شریک قرار نہ دیا جائے (ایسا شرک جو تثلیث، یا خدا کے لئے بیٹا قرار دینا، وغیرہ) کیونکہ الوہیت ایسا مقام ہے کہ ہر شئی ہر جہت سے اسی میں اپنی پناہ تلاش کرتی ہے، اس کے بارے میں حیران ہے اور ذات الوہیت ہی تمام موجودات کے کمالات کا باعث ہے لہٰذا لازم ہے کہ انسان خدا کی عبادت کرے اور چونکہ وہ واحد معبود ہے اس کا کوئی شریک نہیں ہو سکتا۔

ب: ولایتخذ بعضنا بعضا اربابا،

آیت کا یہ ٹکڑا اہل کتاب کی روش کی طرف اشارہ کرتی ہے کہ اتخذو احبارھم و رھبانھم اربابا من دون اللہ والمسیح ابن مریم۔ ۲۱) ان لوگوں نے تو خدا کو چھوڑ کر اپنے عالموں، اپنے زاہدوں اور مریم کے بیٹے مسیح (ع) کو اپنا پروردگار بنا ڈالا ہے، کیونکہ تمام انسان اپنے تمام تر امتیازات کے باوجود حقیقت واحدہ یعنی حقیقت انسانی سے تعلق رکھتے ہیں یہ ہر گز صحیح نہیں ہے کہ بعض انسان دوسروں پر اپنی ہوائے نفسانی مسلط کریں اسی

طرح بعض انسانوں کا کسی ایک انسان یا انسانوں کے گروہ کے سامنے سر جھکانا اس طرح سے کہ خاضع انسان برابری کے حقوق سے محروم ہو جائے اور فرد مطاع کے تسلط و تحکم کی وجہ سے اسے "رب" یا پروردگار مان لے اور تمام امور میں اس کی اطاعت کرے یہ سارے امور فطرت وانسانیت کی نفی کرنے والے ہیں۔

۴) جیسا کہ آپ نے دیکھا اس بحث میں اصول کلی اور امور فطری سے جو کہ تمام ادیان کے درمیان مشترک ہیں گفتگو کی جارہی ہے ان آیات میں اسلام کی طرف (دین خاص) نسبت نہیں دی جارہی ہے۔

۵) فان تولوا فقولوا اشهدو بانا مسلمون

آیت کا یہ حصہ اہل کتاب سے بحث کے اختتام کی روش بیان کر رہا ہے کہ اگر وہ تمہاری بات نہ مانیں، صدائے فطرت کو نہ سنیں کہ جس کو مسترد کرنے کی کوئی دلیل نہیں ہے، تمام انبیاء الٰہی کی دعوت حق کو ٹھکرا دیں تو تم یہ اعلان کر دو کہ ہم نے حق کے اصول قبول کر لئے ہیں اور ان پر کاربند ہیں اور تم اس پر گواہ رہنا (یعنی بغیر کسی جھڑپ اور نظریہ مسلط کئے بغیر ان سے الگ ہو جاؤ) بالفاظ دیگر یہ کہا جاسکتا ہے کہ اگر تم ان اصولوں کو قبول نہیں کرتے تو ایسا نہیں ہے کہ ہم انہیں نظر انداز کر دیں اور ان پر توجہ نہ کریں بلکہ ہم انبیاء ماسلف کی راہ پر چلنے والے اور دعوت فطرت پر لبیک کہنے والے ہیں اور تم ان امور کو ہمارے اعمال وافعال میں مشاہدہ کروگے۔

ان تمام امور سے ہمیں پتہ چلتا ہے کہ اسلام دین کامل و جامع ہونے کے باوجود اہل کتاب کے ساتھ مفاہمت آمیز زندگی گذارنے کا درس دیتا ہے۔

گفتگو کے فائدے

ا) دشمنی کا خاتمہ کرنا

انسانوں کے درمیان دشمنی و اختلافات کا ایک اہم سبب تسلط پسندی و استعمار ہے، اس صورت میں طاقت سے مقابلہ کرنے کے علاوہ کوئی اور چارہ نہیں رہتا احکام جہاد جو دراصل دفاع ہی ہے اسی غرض سے واجب قرار دیا گیا ہے۔

دشمنی کے دوسرے اور بھی اسباب ہیں جن میں مذہبی اعتقادی سیاسی اور سماجی اختلافات ہیں ان اختلافات کا سرچشمہ ذاتی نظریات و افکار ہیں، ہر وہ نظریہ جو خود کو برحق جانتا ہے اسے مخالف کے سامنے تعصب و تشدد کا مظاہرہ کرنے کے بجائے منطق و استدلال سے کام لینا چاہیے کیونکہ عقیدہ امر قلبی ہے اور اسے طاقت کے ذریعے نہیں بدلا جاسکتا اور تجربہ سے بھی ثابت ہو چکا ہے کہ برحق امر کو بھی جب طاقت کے بل پر منوانے کی کوشش کی گئی ہے ناکامی ہوئی ہے اور اس کے خلاف ردعمل سامنے آیا ہے، یقیناً منطقی رویے سے دشمنیوں کو دوستی میں بدلا جاسکتا ہے قرآن کریم اس بارے میں ارشاد فرماتا ہے کہ ولا تستوی الحسنۃ ولا السیئۃ ادفع بالتی ھی احسن فاذا الذی بینک و بینہ عداوۃ کانہ ولی حمیم۔ ۲۳) بھلائی اور برائی کبھی برابر نہیں ہوسکتی تو سخت کلامی کا ایسے طریقے سے جواب دو جو نہایت اچھا ہو تو تم دیکھو گے کہ جس میں اور تم میں دشمنی تھی گویا وہ تمہارا دلسوز دوست تھا۔

آیت میں لفظ احسن استعمال کیا گیا ہے جس کی رو سے مومنین پر واجب ہے کہ وہ

اچھی تعبیریں استعمال کریں اور خندہ پیشانی سے مد مقابل سے پیش آئیں اسی طرح نازیبا اور اشتعال انگیز الفاظ سے پرہیز کریں تاکہ مد مقابل کو محبت کا احساس دلاسکیں یقیناً یہ روش مد مقابل کو متاثر کرے گی۔

اسلام نے گفتگو کا دروازہ کھول کر تاریخ میں پیدا ہونے والی دشمنیوں کو جو ایک دوسرے پر باطل عقائد کے الزامات لگانے کی وجہ سے وجود میں آئی تھیں اور جن کی وجہ سے خونریز اور تباہ کن جنگیں ہوئی تھیں ختم کرنے کا راستہ صاف کر دیا ہے گرچہ حکومتوں نے عوام پر تسلط جمانے کے لئے دینی نظریات سے غلط فائدہ اٹھایا ہے۔

۲)ہدایت کے اسباب فراہم کرنا

حق تک پہنچنا، کج فہمی اور انحرافات سے نجات ہر انسان کی آرزو ہے ان اہداف کے حصول کے لئے بعض اصولوں کی پابندی ضروری ہے ان میں ایک اہم ترین اصول حق پسندی کا جذبہ پیدا کرنا ہے انسان اسی وقت حق تک رسائی حاصل کر سکتا ہے جب وہ بغیر کسی تعصب، پہلے سے فیصلہ کئے بغیر، دیگر افکار و نظریات کا مقابلہ کرے اور ان کی تمام دلیلوں کا غور سے جائزہ لے تاکہ ان میں سے سب سے اچھی اور متقن دلیل کو قبول کر سکے، اگر خاص ذہنیت اور فیصلے کے ساتھ مخالف نظریے کا سامنا کرے گا تو اس کے درست یانادرست ہونے کے بارے میں صحیح فیصلہ نہیں کر پائے گا اور نہ حق تک پہنچنے کے اپنے مقصد ہی کو حاصل کر پائے گا قرآن کریم اس سلسلے میں فرماتا ہے فبشر عبادالذین یستمعون القول فیتبعون احسنہ اولئک الذین ھداھم اللہ و اولئک ھم اولوالالباب اور تم میرے بندوں کو خوش خبری دے دو جو بات کو جی لگا کر سنتے ہیں اور پھر اس میں سے اچھی بات پر عمل کرتے ہیں یہی لوگ وہ ہیں جن کی خدانے ہدایت کی ہے اور یہی عقل مند ہیں۔

حضرت امام موسی کاظم علیہ السلام سے روایت ہے کہ خدا نے اس آیت میں غور و فکر کرنے والوں کو بشارت دی ہے۔۲۵) اور یہ بشارت مومنین سے مخصوص نہیں ہے۔

علامہ طباطبائی نے اس آیت سے دو طرح کی ہدایت کے معنی اخذ کئے ہیں ایک ہدایت اجمالی ہے دوسری ہدایت تفصیلی ہے، انہوں نے ہدایت اجمالی کو حق پسندی کے جذبہ سے تعبیر کیا ہے اور کہتے ہیں کہ یہ جذبہ ہدایت تفصیلی پر منتج ہو سکتا ہے جو کہ تمام معارف الٰہی کو سمجھنا ہے۔۲۶)

گفتگو کے لئے ضروری شرطیں

گفتگو کے طرفداروں کو بعض اصولوں کو قبول کرنا ہو گا یہ اصول حسب ذیل ہیں۔

الف: علم و آگہی

حکماء و فلاسفہ کے نزدیک انسان کی صفت نطق اسے دیگر حیوانات سے ممتاز کرتی ہے، ان کی مراد انسان کی غور و فکر کرنے کی صلاحیت ہے جس کا وہ اپنی زبان کے ذریعے اظہار کرتا ہے تاہم انسانوں کے درمیان ایسے لوگ بھی پائے جاتے ہیں جو اس ذاتی صفت کے برخلاف تعقل و تدبر کو کوئی اہمیت نہیں دیتے قرآن نے اس گروہ کو جانوروں سے بدتر اور انسانوں کے زمرے سے خارج قرار دیا ہے ارشاد ہوتا ہے "ان شرالدواب عنداللہ الصم البکم الذین لا یعقلون۔ ۲۷) بے شک زمین پر چلنے والے تمام حیوانات سے بدتر خدا کے نزدیک وہ بہرے گونگے لوگ ہیں جو کچھ نہیں سمجھتے۔

ظاہر ہے کہ ہم ان لوگوں سے مخاطب نہیں ہیں کیونکہ یہ بحث و گفتگو نہیں کر سکتے۔ ہمارے دینی منابع میں مختلف جہات سے علم پر تاکید کی گئی ہے ان امور پر ذیل میں اشارہ کیا گیا ہے۔ علم حاصل کرنا دیگر واجبات کی طرح واجب ہے

رسول اسلام صلی اللہ علیہ و آلہ وسلم نے فرمایا ہے کہ طلب العلم فریضۃ علی کل مسلم و مسلمۃ، ہر مسلمان فرد مرد یا عورت پر علم حاصل کرنا واجب ہے۔ ۲۸)

۲) کسی خاص زمانے تک محدود نہیں ہے۔

رسول اسلام صلی اللہ علیہ و آلہ وسلم سے روایت ہے کہ اطلبوا العلم من المھد الی

اللحد، یعنی ز گہورہ تا گور دانش بجوئی۔

۳) کسی خاص مکان تک محدود نہیں ہے جہان بھی علم حاصل ہو سکتا ہے اسے حاصل کرنا چاہیے۔

رسول اکرم صلی اللہ علیہ و آلہ وسلم نے فرمایا ہے کہ اطلبوا العلم ولو بالصین۔ علم حاصل کرو گرچہ تمہیں چین جانا پڑے۔

حضرت امام محمد باقر علیہ السلام سے روایت ہے کہ "لو یعلم الناس مافی طلب العلم لطلبوہ ولوبسفک المہج وخوض اللجج۔ ۳۰) یعنی اگر لوگ یہ جانتے کہ علم حاصل کرنے میں کتنے فائدے ہیں تو حصول علم میں لگ جاتے گرچہ انہیں اس راہ میں خون بہانا پڑتا یا سمندروں میں سفر کرنا پڑتا۔

۴) کسی خاص شخص یا گروہ سے حاصل کرنے (سیکھنے) میں منحصر نہیں ہے۔

حضرت امام باقر علیہ اسلام فرماتے ہیں کہ الحکمۃ ضالۃ المومن فحیثما وجد احدکم ضالتہ فلیاخذھا۔ ۳۱) حکمت مومن کی گمشدہ شئ ہے جہاں بھی اسے پاتا ہے حاصل کر لیتا ہے۔

دیگر روایات میں ولو عند المشرک یا ولو من اہل النفاق کا لفظ استعمال ہوا ہے یعنی گرچہ وہ حکمت مشرک یا منافق کے پاس ہو مومن اسے حاصل کر لیتا ہے، یہاں تک کہ امام علیہ السلام سے یہ تعبیر بھی وارد ہوئی ہے کہ حق کو اہل باطل سے بھی قبول کر لیں لیکن باطل کو گرچہ اہل حق سے ہو قبول نہ کریں اس کے بعد حضرت ذیل حدیث میں فرماتے ہیں کہ خود سخن شناس بنیں ۳۳) یعنی جس چیز کی اہمیت ہے وہ کلام ہے نہ متکلم۔

ائمہ معصومین علیہم السلام نے جہل و نادانی کی مذمت میں نہایت اہم نکات بیان فرمائے ہیں۔

۱)نادانی خواری وذلت کی باعث ہے۔

امیر المومنین حضرت علی علیہ السلام فرماتے ہیں کہ "اذاارذل الله عبدا حظر علیہ العلم" ۳۳)اگر خدا کسی بندے کو ذلیل و خوار کرنا چاہتا ہے تو اسے نعمت علم سے محروم کر دیتا ہے۔

مولائے کائنات حضرت علی علیہ السلام بعثت رسول اکرم صلی اللہ علیہ و آلہ وسلم کے زمانے کی خصوصیات کا ذکر کرتے ہوئے فرماتے ہیں کہ "واستخفتهم الجاهلية الجهلاء، جس وقت رسول اسلام صلی اللہ علیہ و آلہ وسلم کی بعثت ہوئی زمانہ جاہلیت کے لوگوں کو ان کی جہالت نے ذلیل وخوار کرر کھا تھا۔

یہ بات روز روشن کی طرح واضح ہے کہ جب کسی قوم کی زندگی علمی اصولوں پر استوار ہوتی ہے اور اس کی زندگی کے تمام شعبوں میں علمی قوانین حکم فرما ہوتے ہیں وہ ترقی کی منزلیں طے کرتی ہے لیکن جس قوم میں علم کا فقدان ہوتا ہے وہ زندگی کی ہر ضرورت کے لئے دوسروں کی محتاج ہوتی ہے۔

۲)نادانی وجہل شر پسندوں کے تسلط کا باعث ہے۔

امیر المومنین حضرت علی علیہ السلام لوگوں کو تین گروہوں میں تقسیم کرتے ہیں۔

۱)وہ اہل علم ودانا لوگ جو خدا شناس بھی ہیں۔

۲)وہ معلم جو راہ سعادت میں کوشاں ہے۔

۳) اور ایسے پست لوگ جو ادھر ادھر بھٹکتے رہتے ہیں اور ہر آواز کے پیچھے دوڑ پڑتے ہیں اور ہوا کے ہر جھونکے کے ساتھ بہنے لگتے ہیں، نہ انہیں علم و دانش کی روشنی سے کوئی فروغ حاصل ہوا ہے اور نہ ہی انہوں نے کسی مستحکم پناہ گاہ کی راہ پکڑی ہے۔ ۳۵)، یہ تیسرا گروہ نہ عالم ہے اور نہ حصول علم کی کوشش میں رہتا ہے بلکہ ہر منحرف و

گمراہ کے پیچھے جاسکتا ہے۔

بہر صورت خدا نے مومنین کو مکلف کیا ہے کہ وہ جس چیز کے بارے میں نہیں جانتے اس پر اصرار نہ کریں اور اس کی پیروی نہ کریں، ارشاد ہوتا ہے لاتقف مالیس لک بہ علم ان السمع و البصر والفواد کل اولائک کان عنہ مسؤلا۔ ۳۶) اس چیز کی پیروی نہ کرو جس کا تمہیں علم نہیں ہے کیونکہ کان آنکھوں اور دل کے بارے میں سوال کیا جائے گا۔

اصول کافی میں حضرت امام صادق علیہ السلام سے روایت ہے کہ "لو ان العباد اذا جھلوا وقفوا ولم یجحدوا، لم یکفروا" ۳۷) یعنی اگر عوام جہل و نادانی کی صورت میں عمل نہ کریں اور انکار نہ کریں تو کافر نہیں ہوں گے۔

ب: انسانوں کی برابری کا اصول

آج کل یہ سوال برابر ذہنوں میں خطور کر رہا ہے کہ کیا انسان ایک دوسرے سے بیگانے ہیں؟ مثال کے طور پر یہ سوال کبھی اس طرح بھی پیش کیا جاتا ہے کہ کیا یہ امید رکھی جاسکتی ہے کہ کسی دن سارے انسانوں کے درمیان مفاہمت اور یکجہتی پیدا ہو جائے گی؟ اگر انسان ذاتاً ایک دوسرے سے بیگانے نہ ہوں تو یہ امید کی جاسکتی ہے۔

اس سلسلے میں دو متباین نظریات ہیں۔

ا) انسان ایک دوسرے سے بیگانے ہیں؛ کسی فلسفی نے " تھامس ہابز"(۱۶۷۹-۱۵۸۸) کی طرح اس مسئلہ پر بحث نہیں کی ہے ان کے استدلال کے مطابق انسان ذاتاً اپنے بنی نوع کا مخالف ہے اگر طاقتور مرکزی حکومت نہ رہے جو ڈنڈے کے زور پر حکومت نہ کرے تو انسان مفاہمت آمیز زندگی نہیں گذارے گا بلکہ شدید مسائل میں گرفتار نظر آئے گا۔

مجموعی طور سے ہابز کے فلسفے میں اس بیگانگی کے دو پہلو ہیں ایک پہلو نفسیات سے مربوط ہے، انسان محض اپنی ذاتی خود غرضی اور خود محوری کی بنا پر ایک دوسرے سے بیگانہ ہے ہر انسان پہلے مرحلے میں صرف اپنی زندگی کی فکر میں ہوتا ہے اور بعد کے مراحل میں دولت منزلت و مقام و منصب کی فکر کرتا ہے، ہابز کا خیال ہے کہ "انسان کسی دوسرے کو اہمیت نہیں دیتا مگر یہ کہ اس کے ہدف میں مدد و معاون ثابت ہو یا اس کی راہ میں رکاوٹ ہو بنابریں انسان کی زیادہ تر توجہ اپنی زندگی اور مقام پر ہوتی ہے۔

اس نفسیاتی پہلو کے تحت ایک امر ہے جسے ہم "بیگانہ ہستی شناسی کا پہلو" کہہ سکتے ہیں، ہستی مجموعہ اشیاء متحرک سے عبارت ہے۔

ہر حقیقت و واقعیت مشخص زمان و مکان سے تعلق رکھتی ہے اور تغیر ناپذیر قوانین طبیعیات اس پر حاکم ہوتے ہیں ہر انسانی فرد اس دنیا کا تعمیری اور مفید جزء ہے وہ نباتات و جمادات سے پیچیدہ تر ہے تاہم ان سے ماہیتاً فرق رکھتا ہے، مادی اشیاء ایک دوسرے سے صوری فرق رکھتی ہیں، انسان کو شفقت، ہمدلی، اور مشترکہ ہدف جیسے قیود متحد نہیں کر سکتے انسان صرف اس لحاظ سے یگانگت اور اتحاد کا حامل ہو سکتا ہے کہ اسے ایک دیوار میں پتھروں کی طرح سے چن دیا جائے (۳۸) یہیں سے اخلاقیات میں نسبیت پسندی کا نظریہ پیش کیا گیا ہے کہ کسی بھی اخلاقی قدر کلی اعتبار کی حامل نہیں ہے بلکہ تمام اخلاقی اقدار کا اعتبار تہذیب و تمدن و فردی لحاظ پر منحصر ہے۔

برن یونیورسٹی کے استاد "جان لڈ" اخلاقی نسبیت پسندی کی اس طرح تعریف کرتے ہیں "اخلاقی نسبیت پسندی ایک ایسا امر ہے جس کے تحت اخلاقی لحاظ سے صحیح و غلط اعمال الگ الگ ہوتے ہیں اور کوئی بھی عام اور مطلق اخلاقی معیار جو تمام انسانوں کے لئے ہر زمانے میں لازمی ہو موجود نہیں ہے (۳۹) روث بندیکٹ دوسرے الفاظ میں یہ کہتے

ہیں کہ "ہر تہذیب و تمدن انسانی محرکات و بالقوہ اہداف کے عظیم مجموعہ سے ترکیب پاتی ہے، ہر تہذیب میں اس کے خاص مادی وسائل و ذرائع اور ثقافتی خصوصیات سے استفادہ کیا جاتا ہے اور یہ مجموعہ جس میں انسان کا ہر ممکن عمل شامل ہو سکتا ہے اس قدر عظیم اور متضاد ہوتا ہے کہ کوئی ایک تہذیب اس کا یا اس کے بیشتر عناصر کا احاطہ نہیں کر سکتی بنابریں انتخاب شرط اول ہے (۴۰)

۲): دوسرا نظریہ ہے انسانوں کی یگانگت کا، بہت سے مفکرین کا کہنا ہے کہ انسان بنیادی طور سے ایک ہیں اس نظریے کے حامل مفکرین میں ارسطو سر فہرست ہیں ان کی نظر میں انسان اس پتے کی طرح ہے جو اپنی طبیعت کے لحاظ سے درخت کا حصہ ہے اور اپنے تمام وجود کے ساتھ ناگزیر شہر کا حصہ بھی ہے، ارسطو کہتے ہیں کہ وہ گوشہ نشین انسان جو معاشرے کی سیاسی سرگرمیوں میں حصہ نہیں لے سکتا یا وہ انسان جو خود کفیل ہونے کی وجہ سے اس مشارکت سے بے نیاز ہے وہ شہر کے کارآمد عناصر میں شامل نہیں ہے بلکہ حیوان ہے یا خدا ہے (۴۱)

اس نظریے کے طرفداروں کا کہنا ہے کہ نسبیت پسندوں نے یہ دیکھ کر کہ مختلف تہذیبوں کے قواعد الگ الگ ہیں یہ غلط نتیجہ اخذ کیا ہے کہ کسی بھی تہذیب کے قواعد دوسری تہذیب سے اچھے نہیں ہیں بلکہ کسی تہذیب کے قواعد کا دوسری تہذیب کے قواعد سے بہتر ہونے کا انحصار اخلاقی نظام کے اہداف پر ہے اس نظریے کے حامل افراد کا کہنا ہے کہ اخلاقی قواعد کا ہدف معاشرے کی بقا، انسانوں کے رنج و غم بر طرف کرنا، انسانی رشد و شکوفائی اور ان کے مفادات کے تصادم کو منصفانہ طریقے سے حل کرنا ہے یہ اہداف مشترکہ اصولوں کو جنم دیتے ہیں جو در حقیقت ثقافتی اختلافات کا سبب بنتے ہیں ان ہی اصولوں کی تفصیلات انسان شناس ماہرین نے بیان کی ہیں۔

اٹھارویں صدی کے فلسفی "ڈیوڈ ہیوم نے کہا ہے کہ انسانی سرشت تمام اعصار و امصار میں ایک ہی رہی ہے اور حال ہی میں اے او ولسن نے انسانی سرشت کی بیس خصوصیات شمار کی ہیں۔ (۴۲)

۳): اسلام کا نظریہ: اسلام انسان کی کلی خصوصیات کے بارے میں یگانگی کا نظریہ رکھتا ہے و اخلاقی اصول کو ثابت اور تمام انسانوں کے درمیان اور تمام زمانوں میں مشترک سمجھتا ہے گرچہ ممکن ہے بعض فروعات میں تبدیلیاں آئیں بنابریں انسان میں تبدیلیاں جو ایک مادی حقیقت ہے اقدار کی تبدیلیوں سے الگ مسئلہ ہے اور اگر ہم انسانی اقدار کو قابل تغیر اور نسبی جانیں تو ہمیں ہر گروہ، ہر طبقے اور ہر آئیڈیالوجی کے حامل فرد کے لئے الگ الگ اخلاق و اقدار کا قائل ہونا پڑے گا اس کے معنی یہ ہونگے کہ اخلاق کا سرے سے انکار کر کے اخلاقی اقدار کو بے بنیاد قرار دیں۔

آیت فطرت میں خدا ارشاد فرماتا ہے "فاقم وجھک للدین حنیفا فطرۃ اللہ التی فطر الناس علیھا لا تبدیل لخلق اللہ ذلک الدین القیم ولکن اکثر الناس لا یعلمون اے رسول تم باطل سے کترا کر اپنا رخ دین کی طرف کئے رہو یہی خدا کی بناوٹ ہے جس پر اس نے لوگوں کو پیدا کیا ہے خدا کی درست کی ہوئی بناوٹ میں تغیر و تبدل نہیں ہو سکتا یہی مضبوط اور بالکل سیدھا دین ہے مگر بہت سے لوگ نہیں جانتے۔

اس آیت میں صراحتاً دین کو امر فطری قرار دیا گیا ہے۔

علامہ طباطبائی اس آیت کے ذیل میں اس بات کی تفصیل بیان کرتے ہوئے کہ انسان کی سعادت ان کے اختلافات کی بنا پر اگر مختلف ہوتی تو ایک صالح اور واحد معاشرہ جو انسان کی سعادت کا باعث ہوتا وجود میں نہ آتا، اسی طرح اگر انسان کی سعادت سرزمینوں کے الگ الگ ہونے کی بنا پر جہاں وہ زندگی گذارتے ہیں مختلف ہوتی اور

اجتماعی آداب کے مطابق ہوتی تو انسان نوع واحد کے زمرے میں نہ آتے بلکہ علاقوں کے مطابق الگ الگ نوعیت کے ہوتے اسی طرح اگر انسانوں کی سعادت زمانے کے لحاظ سے مختلف ہوتی تو انسان مختلف قرون و اعصار میں مختلف نوع کے ہوتے اور ہر عصر کا انسان دیگر زمانے کے انسان سے الگ ہوتا۔

اس طرح انسان کبھی کمال کی منزلیں طے نہ کرتا اور انسانیت ناقص رہ جاتی کیونکہ اس صورت میں کوئی نقص و کمال ہی نہ ہوتا کیونکہ اگر ماضی کا انسان آج کے انسان سے مختلف ہوتا تو اس کا نقص و کمال اسی سے مخصوص ہوتا نیز آج کے انسان کا نقص و کمال اس سے مخصوص ہوتا، یہ بات یاد رکھنے کی ہے کہ انسان صرف اسی صورت میں کمال کی طرف بڑھ سکتا ہے جب جہت تمام زمانوں میں تمام انسانوں کے درمیان مشترک و ثابت ہو۔

البتہ ہماری اس بات کا یہ مطلب ہرگز نہیں ہے کہ افراد اور زمان و مکان میں اختلاف دینی سنن کی برقراری میں موثر نہیں ہے بلکہ فی الجملہ اور کسی حد تک موثر ہے (۴۴) بنابریں علامہ طباطبائی کی نظر میں دو دلیلوں کی بنا پر ۱) انسان کے اجتماعی ہونے ۲) اور اس کی وحدت نوعی کی بنا پر انسانیت حقیقت واحدہ ہے جو تمام افراد و اقوام کے درمیان مشترک ہے علامہ نے اس بحث کے اختتام پر تفصیلی دلائل ذکر کئے ہیں اور ان مسائل کی مکمل وضاحت کی ہے۔

اس سلسلے میں دیگر آیات جیسے آیۂ ذر (۴۵) اور آیۂ عہد (۴۶) و (۴۷) کی طرف مراجعہ کیا جاسکتا ہے یہ آیات انسانی وحدت اور اس کی فطرت واحدہ پر دلالت کرتی ہیں۔

حضرت علی علیہ السلام نے فلسفہ بعثت انبیاء بیان کرتے ہوئے فرمایا ہے کہ:
فبعث فیھم رسلہ و واتر الیھم انبیاءہ لیستادوھم میثاق فطرتہ و یذکروھم منسی نعمتہ و یحتجوا علیھم بالتبلیغ و یثیروا لھم دفائن العقول (۴۸)

وقفے وقفے سے ان (انسانوں) کے درمیان انبیاء ورسل بھیجتا رہا اور ان کے ذریعے انہیں انتباہ دیا کہ عہد الست (میثاق فطرت) پر قائم رہیں اور فراموش شدہ نعمت کی یاد دہانی کراتے رہیں اور تبلیغ سے ان پر حجت تمام کریں اور سوئی ہوئی عقلوں کو بیدار کریں (نہج البلاغہ خطبہ اول)۔

انبیاء الٰہی اس وجہ سے آئے تھے کہ لوگوں کو یہ سمجھائیں کہ تمہاری روح ضمیر اور باطن کی گہرائیوں میں عظیم خزانے دفن ہیں اور تم اس سے غافل ہو، بنابریں حقیقت و دانائی ہنر و جمال خیر و فضیلت عشق و پرستش ان سارے امور کا سرچشمہ فطرت ہے یعنی انسان روح و بدن سے مرکب حقیقت ہے۔

انسان کی روح الٰہی ہے (ونفخت فیہ من روحی) (۴۹) اور اس کا جسم عناصر طبیعی سے مرکب ہے جس کی بنا پر وہ نیچر یا طبیعت سے وابستہ ہے اور عناصر غیر طبیعی اسے ماوراء طبیعت کی طرف لے جاتے ہیں۔

امیر المومنین حضرت علی علیہ السلام مالک اشتر کو اپنے معروف جملے میں انسان کی تعریف سے آگاہ فرماتے ہیں کہ "اما اخ لک فی الدین اور نظیر لک فی الخلق" (۵۰) یعنی انسان یا تمہارے دینی برادر ہیں یا خلقت میں تمہاری طرح مساوی ہیں، لہٰذا اس قدر غرور ناسازگاری اور اختلاف کس بنا پر؟ کیا سب انسان ہمراہ و ہم قافلہ و ہمزاد نہیں ہیں؟ (۵۱)

مجموعی طور سے یہ کہا جا سکتا ہے کہ انبیاء الٰہی کی تعلیمات فطرت بشری کے مطابق ہیں۔

ج: انسانوں کے درمیان اختلافات مسلم حقیقت؛ انسان ایک نوع ہونے کے ساتھ ساتھ اختلافات کا بھی حامل ہے ہر انسان کو ایک جیسا نہیں سمجھا جا سکتا افراد بشر میں

ظاہری ومادی اور معنوی و باطنی امور میں اختلافات پائے جاتے ہیں۔

ا) ظاہری اختلاف

انسان جنسیت، نسل رنگ و علاقے کے لحاظ سے ظاہری طور پر ایک دوسرے سے مختلف ہوتا ہے البتہ یہ امور ایک دوسرے پر برتری اور امتیاز کے موجب نہیں ہوسکتے اور نہ ان سے انسان کی ماہیت میں کوئی فرق آتا ہے۔

قرآن نے ان اختلافات کو قبول کیا ہے اور تکوینی و طبیعی امور قرار دیا ہے ارشاد ہوتا ہے "یا ایھا الناس انا خلقنا کم من ذکر وا نثی وجعلنا کم شعوبا و قبائل لتعار فوا ان اکر مکم عند اللہ اتقیکم" (۵۲) اے لوگو ہم نے تمہیں مرد اور عورت سے پیدا کیا ہے اور گروہوں اور قبیلوں میں بانٹ دیا ہے تاکہ ایک دوسرے کو پہچان سکو لیکن خدا کی نظر میں سب سے عزیز وہی ہے جو سب سے زیادہ متقی وپرہیز گار ہے۔

۲) معنوی و باطنی اختلاف

معنوی اختلاف میں متعدد امور دخیل ہوسکتے ہیں جیسے صلاحیتوں کا مختلف ہونا، ایمانی درجات کا مختلف ہونا وغیرہ۔

صلاحیتوں کے مختلف ہونے کا سبب ذاتی ہوسکتا ہے یعنی بعض افراد کی صلاحیتیں دوسروں سے کہیں بہتر ہوسکتی ہیں یا ممکن ہے کوئی اور سبب ہو جیسے آج کی دنیا میں پیدا ہونا کیونکہ آج کی دنیا کی ترقی وپیشرفت ماضی کے انسان کے لئے قابل درک نہیں تھی یہی مسئلہ بعض دینی معارف کے سمجھنے میں بھی صادق آتا ہے، معصومین علیہم السلام سے مروی ہے کہ آخری زمانے میں یہ ممکن ہوسکے گا کہ لوگ سورہ توحید اور سورہ حدید کی ابتدائی آیات کو بھرپور طرح سے سمجھ لیں گے بہر صورت اس طرح کے اختلافات

گرچہ موجود ہیں لیکن دین نے تعلیمات کا ایک کم سے کم نصاب سب کے لئے معین کیا ہے جس کا فہم و ادراک سب کے لئے لازمی ہے اور ان اختلافات کو آزمائش و حصول کمالات کا ذریعہ قرار دیا ہے۔

سورہ مائدہ کی ۴۸ ویں آیت میں ارشاد ہوتا ہے "ماوانزلنا الیک الکتاب بالحق مصدقا لما بین یدیہ من الکتاب و مھیمنا علیہ فاحکم بینھم بما انزل اللہ ولا تتبع اھواء ھم عما جاء ک من الحق لکل جعلنا منکم شرعۃ و منھاجا ولو شاء اللہ لجعلکم امۃ واحدۃ ولکن لیبلوکم فی اتیکم فاستبقوا الخیرات "اے رسول ہم نے تم پر بھی برحق کتاب نازل کی کہ جو کتاب اسکے پہلے سے اس کے وقت میں موجود ہے اس کی تصدیق کرتی ہے اور اسکی نگہبان بھی ہے تو جو کچھ تم پر خدا نے نازل کیا ہے اسی کے مطابق تم بھی حکم کرو اور جو بات خدا کی طرف سے آ چکی ہے اس سے کترا کے ان لوگوں کی خواہش نفسانی کی پیروی نہ کرو اور ہم نے تم میں سے ہر ایک کے واسطے (حسب مصلحت وقت) ایک ایک شریعت اور خاص طریقہ مقرر کر دیا ہے اور اگر خدا چاہتا تم سب کے سب کو ایک ہی شریعت کی امت بنا دیتا مگر (مختلف شریعتوں سے) خدا کا مقصود یہ تھا کہ جو کچھ تمہیں دیا ہے اس میں تمہارا امتحان لے بس تم نیکیوں میں لپک کر آگے بڑھ جاؤ۔

اس آیۃ مبارکہ میں چند نکات پر توجہ کرنا ضروری ہے۔

۱) شریعت و دین کے معنی راہ کے ہیں تاہم ظاہر قرآن سے یہ سمجھ میں آتا ہے کہ شریعت کے معنی اخص اور دین سے کم ہیں کیونکہ انبیاء کو گرچہ اصحاب شرائع مانتا ہے لیکن تمام انبیاء کا دین ایک ہی ہے جو اسلام ہے (۵۳) ان الدین عند اللہ الاسلام (۵۴) خدا کے نزدیک دین صرف اسلام ہی ہے، یا ماکان ابراھیم یھودیا و لانصرانیا ولکن کان حنیفا مسلما (۵۵) ابراہیم نہ تو یہودی تھے اور نہ نصرانی بلکہ نرے کھرے حق پرست

(مسلم، فرمانبر دار بندے) تھے۔

۲) خدا نے اپنے بندوں کے لئے صرف ایک دین یعنی دین اسلام معین فرمایا ہے اور اسی پر عمل کرنے کا حکم دیا ہے لیکن اس ہدف تک پہنچنے کے لئے اسے مختلف راہیں دکھائی ہیں اور انسانون کی مختلف صلاحیتوں کے مطابق ان کے لئے مختلف آداب و سنن مقرر فرمائے جنہیں ہم مختلف انبیاء کرام علیہم السلام کی شریعتوں سے تعبیر کرتے ہیں چنانچہ خدا کسی شریعت میں کسی حکم کی مصلحت کے منقضیٰ (ختم) ہونے اور نئی مصلحت کے وجود میں آنے سے بعض احکام کو منسوخ فرما دیتا ہے۔

۳): شرائع میں اختلافات زمانے کے گذرنے، انسان کی صلاحیتوں میں پیشرفت و ترقی کی بناپر بھی وجود میں آتے ہیں اور خدا کی طرف سے معین کئے گئے فرائض و احکام شریعت انسان کے لئے زندگی کے مختلف موقعوں پر امتحان کے علاوہ کچھ نہیں ہیں بعبارت دیگر خدا نے ہر امت کے لئے الگ شریعت و راستہ قرار دیا ہے اور اگر خدا چاہتا تو تمام قوموں کو ایک امت میں شامل کر دیتا اور اس کے لئے ایک شریعت اور ایک طریقہ بنا دیتا لیکن خدا نے متعدد شرائع مقرر فرمائے تاکہ تمہیں گوناگوں نعمتیں عطا کر کے تمہارا امتحان لے یہاں نعمتوں کا مختلف ہونا امتحان کے مختلف ہونے کا مستلزم ہے اور یہ امتحان فرائض و احکام شرعی سے عبارت ہیں۔

روایات میں بھی صلاحیتوں اور درجات ایمان کے اختلاف پر توجہ کی گئی ہے۔

مرحوم کلینی علیہ الرحمۃ کافی میں زرارہ سے نقل کرتے ہیں کہ زرارہ کہتے ہیں کہ ہم لوگ ایک دن حضرت امام محمد باقر علیہ السلام کی خدمت میں حاضر ہوئے اور عرض کیا، کیا ہم خود کو میزان قرار دیں امام علیہ السلام نے فرمایا میزان کیا ہے؟ انہوں نے کہا جو بھی ہم سے موافق ہو خواہ علوی ہو یا غیر علوی (اسے ہم مسلمان اور اہل نجات کے طور پر

دوست رکھیں) اور جو ہمارا مخالف ہو خواہ علوی ہو یا غیر علوی اس سے بیزاری کا اظہار کریں (گمراہ و اہل ہلاکت کے طور پر) اس وقت امام علیہ السلام نے فرمایا کیا خدا کا کلام تمہارے کلام سے زیادہ صحیح نہیں ہے؟ ان لوگوں کا کیا ہو گا جن کے بارے میں خدا نے فرمایا ہے کہ "مگر جو مرد اور عورتیں اور بچے اس قدر بے بس ہیں کہ نہ تو (دار الحرب سے نکلنے کی) کوئی تدبیر کر سکتے ہیں نہ انہیں اپنی رہائی کی کوئی راہ دکھائی دیتی ہے (۵۶)، اور ان لوگوں کا کیا ہو گا جو خدا سے امید رکھتے ہیں (۵۷)، اور ان لوگوں کا کیا ہو گا جنہوں نے نیک کاموں کے ساتھ برے کام بھی کئے ہیں (۵۸) اصحاب اعراف کا کیا ہو گا (۵۹)؟ اور مولفۃ القلوب کا کیا بنے گا؟

حماد اپنی روایت میں زرارہ سے نقل کرتے ہیں کہ زرارہ نے کہا اس موقع پر میرے اور امام علیہ السلام کے درمیان بحث ہونے لگی ہم دونوں کی آواز بلند ہو گئی یہاں تک کہ گھر سے باہر بھی آواز سنی جا سکتی تھی۔ (۶۰)

اس حدیث میں امام علیہ السلام کی مراد یہ ہے کہ اچھائی برائی اور اہل بہشت و دوزخ ہونے کا معیار صرف شیعوں سے ہم عقیدہ ہونا نہیں ہے بلکہ امام نے فرمایا کہ وہ لوگ جو شیعہ نہیں ہیں اور قاصر ہیں اور عناد بھی نہیں رکھتے اور وہ لوگ جن کے اوصاف قرآن میں ذکر کئے گئے ہیں وہ جنت میں جائیں گے کیونکہ خدا نے انہیں معاف کرنے کا وعدہ کیا ہے اور ان سے بیزاری کا اظہار نہیں کرنا چاہیئے۔

حضرت امام صادق علیہ السلام سے روایت ہے کہ "آپ لوگوں کو بیزاری سے کیا سروکار ہے ایک دوسرے سے بیزاری کا اظہار کیوں کرتے ہیں؟ بعض مومنین کو بعض پر فضیلت حاصل ہے اور کچھ لوگ کچھ لوگوں سے زیادہ نمازیں پڑھتے ہیں اور کچھ لوگوں کی بصیرت دوسروں سے زیادہ ہے اور یہی ایمان کے درجات ہیں (۶۱) جس کے بارے میں

خدا نے فرمایا ہے "ھم درجات عند اللہ۔(٦٢)

حضرت امام زین العابدین علیہ السلام سے نقل ہے کہ آپ نے فرمایا خدا کی قسم اگر ابوذر کو معلوم ہو تا کہ سلمان کے دل میں کیا ہے تو انہیں قتل کر دیتے جبکہ رسول اسلام صلی اللہ علیہ و آلہ وسلم نے ان دونوں کے درمیان عقد اخوت پڑھا تھا(٦٣)، بنابریں بحث و گفتگو میں ان تمام اختلافات کو مد نظر رکھنا ضروری ہے اور بے جا توقع بھی نہیں رکھنا چاہیئے۔

ہاشم بن البرید سے روایت ہے کہ میں، محمد بن مسلم اور ابوالخطاب ایک جگہ جمع تھے، ابوالخطاب نے سوال کیا کہ جو شخص امر امامت سے واقف نہ ہو اس کے بارے میں تمہارا کیا خیال ہے، میں نے کہا میرے خیال میں وہ کافر ہے ابوالخطاب نے کہا جب تک اس پر حجت تمام نہ ہو جائے وہ کافر نہیں ہے اگر حجت تمام ہو جائے اور اس کے بعد اس نے امام کو نہیں پہچانا تو کافر ہے، محمد بن مسلم نے کہا سبحان اللہ اگر امام کو نہ پہچانتا ہو اور انکار بھی نہ کرتا ہو تو کس طرح سے کافر کہلائے گا ہرگز نہیں غیر عارف اگر منکر نہ ہو تو کافر نہیں ہے ہاشم بن البرید کہتے ہیں اس طرح ہم تینوں تین الگ الگ نظریات کے حامل تھے۔

وہ کہتے ہیں موسم حج آن پہونچا مکہ میں امام صادق علیہ السلام کی خدمت میں حاضر ہوا اپنی بحث کی تفصیل سے امام کو آگاہ کیا اور آپ سے جواب چاہا، امام نے فرمایا کہ میں اس وقت تمہارا جواب دوں گا جب تم تینوں ساتھ ہو گے اور آج کی رات منی میں جمرہ وسطی کے پاس میرے پاس آنا، رات کو ہم تینوں امام کی خدمت میں حاضر ہوئے، امام علیہ السلام نے ایسے عالم میں کہ اپنے سینے سے تکیہ لگائے ہوئے تھے سوال پوچھنا شروع کیا کہ تم لوگ اپنے ملازموں، عورتوں اور اہل خانہ کے بارے میں کیا کہتے ہو؟ کیا یہ لوگ

وحدانیت خدا کی گواہی دیتے ہیں، میں نے کہا جی ہاں آپ نے فرمایا کیا رسول کی رسالت کی گواہی دیتے ہیں میں نے کہا جی ہاں، آپ نے فرمایا کیا وہ لوگ تم لوگوں کی طرح امامت وولایت کی شناخت رکھتے ہیں، میں نے کہا جی نہیں اس موقع پر امام علیہ السلام نے فرمایا کہ پس تم لوگوں کی نظر مین ان کا انجام کیا ہو گا؟ میں نے کہا جو شخص امام کو نہ پہچانے کافر ہے امام نے فرمایا سبحان اللہ کیا تم نے کوچہ و بازار میں لوگوں کو نہیں دیکھا سقاوں (بہشتیوں) کو نہیں دیکھا، میں نے کہا کیوں نہیں دیکھا ہے اور دیکھتے ہیں آپ نے سوال فرمایا کیا یہ لوگ نماز نہیں پڑھتے روزہ نہیں رکھتے حج نہیں بجالاتے اور خدا کی وحدانیت ورسول خدا کی رسالت کی گواہی نہیں دیتے؟ میں نے کہا جی ہاں، اس کے بعد امام نے فرمایا کیا یہ لوگ تمہاری طرح امام کو پہچانتے ہیں؟ میں نے کہا جی نہیں، تو امام نے فرمایا پس ان کا کیا ہو گا؟ میں نے کہا میرے خیال میں جو شخص امام کو نہ پہچانے وہ کافر ہے، اس وقت امام نے فرمایا سبحان اللہ کیا تم کعبہ کے اطراف لوگوں کی بھیڑ اور ان کے طواف کو نہیں دیکھ رہے ہو؟ کیا تم نہیں دیکھ رہے ہو کہ اہل یمن کس طرح سے کعبہ کے پردوں سے چپکے ہوئے ہیں، میں نے کہا جی بے شک آپ نے فرمایا کیا یہ لوگ توحید و نبوت کا اقرار نہیں کرتے؟ نماز نہیں پڑھتے؟ روزہ نہیں رکھتے، حج نہیں بجالاتے؟ میں نے کہا کیوں نہیں تو آپ نے فرمایا کیا یہ لوگ تمہاری طرح سے امام کو پہچانتے ہیں؟ میں نے کہا جی نہیں، امام نے فرمایا ان لوگوں کے بارے میں تمہارا کیا عقیدہ ہے میں نے کہا میرے خیال میں جو لوگ امام کو نہیں پہچانتے وہ کافر ہیں امام نے فرمایا سبحان اللہ یہ تو خوارج کا عقیدہ ہے۔

اس کے بعد امام علیہ السلام نے فرمایا کیا چاہتے ہو میں تمہیں حقیقت سے آگاہ کروں؟

ہاشم کہ جو جانتا تھا امام کا فیصلہ اس کے عقیدہ کے بر خلاف ہو گا۔

اس نے کہا نہیں۔

اس وقت امام علیہ السلام نے فرمایا کہ تم لوگوں کے لئے کس قدر بری بات ہے کہ جو چیزیں ہم سے (اہل بیت) سے نہیں سنی ہیں اپنی طرف سے کہو، ہاشم نے بعد میں دوسروں سے کہا کہ میں یہ سوچ رہا تھا کہ امام محمد بن مسلم کی نظر کی تائید کر کے ہمیں اس کی پیروی کا حکم دیں گے۔(۶۴)

اسلامی فلاسفہ نے اس مسئلہ کو الگ صورت میں بیان کیا ہے تاہم جو نتیجہ اخذ کیا ہے پوری طرح وہی ہے جو ہم نے آیات و روایت سے استفادہ کیا ہے۔

صدر المتالہین اسفار میں خیر و شر کی بحث میں اعتراضات کا جواب دیتے ہوئے کہتے ہیں کہ یہ اعتراض کہ کس طرح خیر شر پر غالب ہے؟ جبکہ انسان جو کہ اشرف کائنات ہے جب اسے دیکھتے ہیں کہ اکثر انسان عمل کے لحاظ سے برے اعمال کا شکار ہیں اور اعتقاد کے لحاظ سے عقائد باطل اور جہل مرکب میں گرفتار ہیں اوراس سے ان کی آخرت خراب ہو جاتی ہے اور مستحق شقاوت و عذاب ہو جاتے ہیں لہٰذا بنی نوع انسان جو اشرف المخلوقات ہے اس کا انجام شقاوت و جہنم ہے۔

صدر المتألہین اس اعتراض کے جواب میں کہتے ہیں کہ آخرت میں لوگ شقاوت و سعادت کے لحاظ سے اس دنیا میں صحت و سلامتی کے لحاظ سے ہیں کیونکہ اس دنیا میں مکمل صحت و سلامتی، مکمل خوبصورتی، مکمل بیماری وغیرہ نہایت کم یا اقلیت میں ہے اور اکثریت متوسطین کی ہے جو نسبتاً ان صفات کے حامل ہیں اسی طرح آخرت میں "کملین" کہ جنہیں قرآن السابقون کے لقب سے یاد کرتا ہے ان کی تعداد بھی اقلیت میں ہے اور اکثریت متوسطین کی ہے جنہیں قرآن "اصحاب الیمین" کہتا ہے بنابریں دونوں صورتوں میں اکثریت رحمت خدا میں شامل ہے (۶۵) بالفاظ دیگر اسلام اور فقہی لحاظ سے وہ

مسلمان نہیں ہیں لیکن حقیقت میں مسلم ہیں یعنی حقیقت کے سامنے تسلیم ہیں اور اس سے عناد نہیں رکھتے ہیں۔

د: آزادی فکر، آزادی انتخاب مذہب و طریقت :اس بارے میں ادیان الھی کا کہنا ہے کہ دنیوی زندگی کا ہدف آخرت ہے۔

انسانوں کو اس دنیا مین اس طرح زندگی گذارنا چاہیے کہ آخرت میں سعادت و کامرانی حاصل ہو سکے اور اس ہدف کو پانے کے لئے دینی اعتقادات کا حامل ہونا ضروری ہے تاکہ اعمال درگاہ خداوندی میں قبول ہوں اور عفو بخشش کے سامان فراہم ہو سکیں ورنہ محض عقل واخلاقی اصولوں کی پیروی انسان کو سعادت مند نہیں بنا سکتی۔

اب جبکہ یہ معلوم ہو چکا ہے کہ انسان کی سعادت کے لئے خدا اور معاد پر ایمان ضروری ہے تو انسان کو اس راہ پر گامزن کرنے کے لئے کیا کرنا چاہیے ؟

بعض لوگوں کا خیال ہے کہ طاقت کے بل بوتے پر انسانوں کو سعادت کے راستے پر لگانا چاہیئے "اگوسٹین" اس نظریے پر استدلال کرتے ہوئے کہتے ہیں کہ اگر یہ یقینی ہو کہ کوئی ایمان سے دستبردار ہونے کی صورت میں ابدی عذاب میں گرفتار ہونے والا ہے تو بہتر یہی ہے کہ اسے طاقت کے بل بوتے پر مومن بنایا جائے تاکہ اسے ابدی سعادت حاصل ہو جائے وہ کہتے ہیں کہ اس طرح سے طاقت کا استعمال پسندیدہ ہے کیونکہ اس سے انسان کو بہشت حاصل ہو جاتی ہے اور اگر انسان طاقت کے استعمال کے دوران مر بھی جائے تو یہ تکلیفیں آخرت کے عذاب کے مقابل کچھ بھی نہیں ہیں کیونکہ ان تکلیفوں کے ذریعے انسان کی آخرت سدھاری جاتی ہے۔

اس نظریے کے مقابل دوسرا نظریہ، یہ ہے کہ دین پر اعتقاد، بلا جبر یعنی از روئے اختیار ہے، طاقت کے استعمال اور جبر سے کبھی بھی قلبی اعتقاد و ایمان حاصل نہیں

ہو سکتا۔

جان لاک کہتے ہیں کہ طاقت کا استعمال موثر واقع نہیں ہوتا کیونکہ طاقت سے بظاہر انسان کو اطاعت کرنے پر مجبور کیا جاسکتا ہے لیکن دل کی گہرائیوں سے اسے کسی عقیدے کے قبول کرنے پر ہرگز مجبور نہیں کیا جاسکتا، وہ کہتے ہیں کہ طاقت کے استعمال کا واحد نتیجہ نفاق ظاہر اور ریاکاری کو فروغ دینا ہے بنابریں عقائد کے سلسلے میں طاقت کا استعمال اخلاقی لحاظ سے نقصان دہ ہے اور بدرجہ اولی راہ راست کی طرف ہدایت کا باعث نہیں بن سکتا اور نہ سعادت کا موجب ہے۔(٦٦)

قرآن میں آزادی کے بارے میں کئی آیات ہیں جن سے پتہ چلتا ہے کہ انسان اپنی آزادی کے سہارے اپنی راہ کے منتخب کرنے کا خود ذمہ دار ہے اور اسے اس بارے میں جواب دینا ہوگا ایک جگہ ارشاد ہوتا ہے لا اکراہ فی الدین قد تبین الرشد من الغی (٦٧) دین مین کسی طرح کا جبر واکراہ نہیں ہے کیونکہ ہدایت کا راستہ گمراہی کے راستے سے الگ ہو چکا ہے۔ اس کے معنی یہ ہیں کہ دین سچا راستہ اور صراط مستقیم ہے ورنہ لا اکراہ فی الدین کے کوئی معنی نہ ہوتے کیونکہ اکراہ وزبردستی کسی چیز کو اپنے قلبی لگاؤ کے برخلاف قبول کرنے کو کہتے ہیں لیکن اگر کوئی فکر واضح اور سچائی پر مبنی ہو تو وہ انسان کو انتخاب و اختیار کا موقع فراہم کرتی ہے اور ٹھوس دلیلوں اور متقن گفتگو سے انسان کو ہدایت کی راہ دکھاتی ہے نیز اس نکتے پر بھی تاکید کرتی ہے کہ غلط راہ اور گمراہی کا انتخاب کرنے والا اپنے اعمال کا خود ذمہ دار ہے اور اسے اپنے برے انجام کا منتظر رہنا ہوگا کیونکہ دین نے کسی طرح کی زبردستی نہیں کی ہے ارشاد ہوتا ہے وقل الحق من ربکم فمن شاء فلیومن و من شاء فلیکفر (٦٨) اے رسول تم کہہ دو کہ سچی بات تمہارے پروردگار کی طرف سے نازل ہو چکی ہے جس جو چاہے مانے اور جو چاہے نہ مانے۔

اس آیت شریفہ سے یہ استفادہ ہوتا ہے کہ ہر انسان اپنی راہ انتخاب کرنے کا خود ذمہ دار ہے، ارشاد ہوتا ہے ولوشاء ربک لآمن من فی الارض کلھم جمیعا، افانت تکرہ الناس حتی یکونوا مومنین (٦٩) اگر تمہارا پروردگار چاہتا تو جتنے لوگ روئے زمین پر ہیں سب کے سب ایمان لے آتے تو کیا تم لوگوں پر زبردستی کرنا چاہتے ہو تا کہ سب کے سب ایماندار ہو جائیں۔

ایک اور آیت میں ارشاد ہوتا ہے کہ ولوشاء اللہ مااشر کوا وماجعلناک علیھم حفیظا ومانانت علیھم بوکیل (٧٠) اور اگر خدا چاہتا تو یہ لوگ شرک ہی نہ کرتے اور ہم نے تمکو ان لوگوں کا نگہبان تو بنایا نہیں ہے اور نہ تم ان کے ذمہ دار ہو۔

ان آیات سے یہ واضح ہوتا ہے کہ اے پیغمبر تم لوگوں کی فکروں پر دباؤ نہیں ڈال سکتے بلکہ اپنی فکر پیش کرو اور اپنی رسالت کو اس کے نتائج کی پرواہ کئے بغیر انجام دو۔

فذکر انما انت مذکر ولست علیھم بمسیطر (٧١) اے رسول تم بس نصیحت کرنے والے ہو تم لوگوں پر داروغہ تو نہیں ہو۔

ان تمام آیات سے فکر و تعقل کی اہمیت واضح ہوتی ہے اور یہ بھی پتہ چلتا ہے کہ فکر و خرد پر دباؤ نہیں ڈالا جا سکتا کیونکہ یہ کام منطق و فکر سالم کے منافی ہے۔

بہر صورت خدا فرماتا ہے کہ اگر ہم چاہتے تو سارے انسانوں کو ایک ملت میں شامل کر دیتے لیکن ہم نے چاہا کہ ان کا امتحان لیں تا کہ وہ خود اپنی راہ پیدا کریں اور ولوشاء ربک لجعل الناس امۃ واحدۃ ولا یزالون مختلفین (٧٢) اور اگر تمہارا پروردگار چاہتا تو بیشک تمام لوگوں کو ایک ہی قسم کی امت بنا دیتا (مگر اس نے نہ چاہا اسی وجہ سے) لوگ آپس میں پھوٹ ڈالا کریں گے۔

ولوشاء لجعلکم امۃ واحدۃ ولکن لیبلوکم فی ماآتیکم (٧٣)

خدا اگر چاہتا تو تم کو ایک ہی امت بنا دیتا تا کہ اپنی عطا کی ہوئی نعمتوں کے بارے میں

تمہارا امتحان لے۔

ان تمام امور سے پتہ چلتا ہے کہ اگر دینداری جبراً ہو تو اسے دینداری نہیں کہہ سکتے، لوگوں کو مجبور کیا جاسکتا ہے لیکن ان کی فکر کو بیڑی نہیں پہنائی جاسکتی اعتقاد کے لئے ضروری ہے کہ دلیل و منطق پر استوار ہو البتہ امر بالمعروف و نہی از منکر کا مسئلہ الگ ہے اس میں بھی ارشاد ہے اجبار نہیں ہے۔

حواشی

۱)سب سے پہلی گفتگو ہابیل و قابیل کے درمیان قربانی کی قبولیت یا عدم قبولیت کے بارے میں ہوئی تھی (سورہ مائدہ ۲۷-۳۰)

۲)الامام الصدر والحوار (کلمۃ سواء)المو تمر الدول ص ۹۵

۳)دکتر احمد شلبی، مقارنۃ الادیان، الطبعۃ الثامنہ ج ۱ ص ۲۷

۴)سورۃ بقرہ ۱۱۳

۵)سورہ بقرہ

۶)سورۃ بقرہ ۳۲-۳۰

۷)اسورہ اعراف ۱۸-۱۲

۸) عنکبوت ۱۴

۹)ہود ۳۲

۱۰)ھود ۴۷-۴۵

۱۱)ھود ۴۷

۱۲) نحل ۱۲۵

۱۳) مفسرین کا کہنا ہے کہ صرف ایک خاص گروہ کو حکمت و برہان و دلیل عقلی و علمی کے ذریعے دعوت ہدایت دی جاسکتی ہے لیکن بعض لوگ عقلی و علمی استعداد کے حامل نہیں ہوتے ہیں انہیں وعظ و نصیحت و قصہ و حکایات کے ذریعے ہدایت کی جاسکتی

ہے، تیسرا گروہ ایسا ہے جو صرف اعتراض کرنا جانتا ہے اس کے ساتھ بحث و مباحثہ کرنا چاہیے لیکن اچھے اور بہتر طریقے سے، مباحثہ کرتے وقت راہ حق و حقیقت سے خارج نہیں ہونا چاہیے بے انصاف حق کشی اور جھوٹ کا سہارا نہی لینا چاہیے۔

۱۴)عنکبوت ۴۸

۱۵)نوح ۲۱ / شعراء ۱۳۰ و ۱۵۱ / انبیاء ۵۴ / طہ ۴۷ / زخرف ۶۳ /

۱۶)زخرف ۸۷ / عنکبوت ۶۱ و ۶۳ / لقمان ۲۵ / زمر ۳۸ / زخرف ۹ /۔

۱۷)زمر ۳

۱۸)یوسف ۱۰۶

۱۹)کلینی، کافی ج ۴ ص ۱۴۳

۲۰)مجلسی، مرآۃ العقول ج ۱۱ ص ۲۳۴۔

۲۱)توبہ ۳۱

۲۲)محمد ابوزہرہ، تاریخ الجدل

۲۳)فصلت ۳۴

۲۴)زمر ۱۸

۲۵)وصیتہ لھشام وصفتہ للعقل ان اللہ تبارک وتعالی بشر اہل العقل والفہم فی کتابہ فقال فبشر عبادی۔۔۔۔

بحار الانوار ج ۷۵ ص ۲۹۶۔ کلینی کافی ج ۱ ص ۱۴ روایت ۱۲

۲۶)المیزان ج ۲۳ ص ۲۵۱

۲۷)انفال ۲۲

۲۸)کلینی کافی ج ۱ ص ۳۵

۲۹) فیض کاشانی، محجۃ البیضاء قم ج ۱ ص ۲۱۔

۳۰) کلینی کافی ج ۱ ص ۳۴۳ روایت ۵

۳۱) کلینی ایضا ج ۸ ص ۱۶۷

۳۲) خذوالحق من اہل الباطل ولا تاخذ الباطل من اہل الحق کونوا نقاد الکلام بحار الانوار ج ۲ ص ۹۶ رایت ۳۹۔

۳۳) نھج البلاغہ، صبحی صالح حکمت ۲۸۹

۳۴) نہج البلاغہ خطبہ ۹۴

۳۵) نہج البلاغہ حکمت ۱۳۹

۳۶) اسراء ۳۶

۳۷) اصول کافی، چاپ آخوندی ج ۲ ص ۳۸۸

۳۸) تفکر سیاسی، گلن تیندر، ترجمہ محمود صدری ص ۲۳

۳۹) جانلد، نسبت گرائی اخلاقی، ودسورث ۱۹۷۳ مجلہ نقد و نظر ش ۱۳-۱۴ ص ۳۲۷

۴۰) الگوھاے فرھنگ نیویورک ۱۹۴۲، ص ۲۱۹ مجلہ نقد و نظر ش ۱۳-۱۴ ص ۳۲۷

۴۱) تفکر سیاسی گلن تندر ترجمہ محمود صدری ص ۲۳

۴۲) مجلہ نقد و نظر ش ۱۳-۱۴ ص ۳۳۵

۴۳) سورہ روم ۳۰

۴۴) ترجمہ تفسیر المیزان ج ۱۳ ص ۲۸۸-۲۸۷

۴۵) سورہ اعراف ۱۷۲

۴۶)یس ۶۰

۴۷)سورہ نساء ۱

۴۸)نہج البلاغہ خطبہ اول

۴۹)ص ۷۲

۵۰)نہج البلاغہ مکتوب ۵۳

۵۱)مولوی دیوان شمس

۵۲)سورہ حجرات ۱۳

۵۳)البتہ خدا کے سامنے تسلیم ہونے کے لئے اس کے بھیجے ہوئے احکام پر عمل کرنا ضروری ہے اور خدا کی آخری شریعت یعنی اس کے آخری رسول صلی اللہ علیہ و آلہ وسلم کی شریعت پر عمل کرنا لازمی ہے۔

۵۴)آل عمران ۱۹

۵۵)آل عمران ۶۷

۵۶)نساء ۹۸

۵۷)یہ سورہ توبہ کی آیت ۱۰۶ کی طرف اشارہ ہے

۵۸)سورہ توبہ کی آیت ۱۰۲ کی طرف اشارہ ہے

۵۹)سورہ اعراف کی آیت ۴۲ کی طرف اشارہ ہے

۶۰)کلینی کافی ج ۴ ص ۹۲

۶۱)کلینی ایضاً ج ۳ ص ۷۶۔

۶۲)آل عمران ۱۶۳

۶۳)بحار الانوار ج ۲ ص ۱۹۰

۶۴) کلینی ایضاً ج ۲ باب الضلال ص ۱۰۴ نقل از کتاب عدل الٰہی شہید مطہری ص ۳۴۵۔

۶۵) نقل از عدل الٰہی شہید مطہری ص ۳۴۹

۶۶) تسامح آری یانہ دفتر نخست ص ۴۹

۶۷) بقرہ ۲۵۶

۶۸) کہف ۲۹

۶۹) یونس ۹۹

۷۰) انعام ر ۱۰۷

۷۱) غاشیہ ۲۱-۲۲

۷۲) ھود ۱۱۸

۷۳) آل عمران ۴۸

* * *

باغ و بہار

میر امن دہلوی کی کتاب کا تجزیہ

جمع و ترتیب : سید حیدرآبادی

بین الاقوامی ایڈیشن منظر عام پر آچکا ہے